Las cosas cambian

por

TROY AIKMAN

con Greg Brown

Ilustrado por Doug Keith

Versión en español de Alcides y Catherine Rodríguez-Nieto

SCHOLASTIC INC.
New York Toronto London Auckland Sydney

Greg Brown vive en Bothell, Washington, con su esposa y dos niños. Ha sido comentarista deportivo desde 1979 y es el co-autor de las obras tituladas en inglés *Kirby Puckett: Be the Best You Can Be*, *Edgar Martinez: Patience Pays*, *Cal Ripken Jr.: Count Me In*, y *Bonnie Blair: A Winning Edge*.

Doug Keith inició su carrera como ilustrador en 1982. Sus ilustraciones han aparecido en revistas nacionales, tarjetas de felicitación y libros. Varios equipos deportivos importantes han usado sus ilustraciones en campañas de promoción y en anuncios.

ISBN 0-590-29753-8

12 11 10 9 8 7 6 5 4 3 2 1   7 8 9/9 0 1 2/0

Printed in the U.S.A.   08

First Scholastic printing, January 1997

Troy Aikman ha donado todos sus derechos de autor por la venta de este libro a
La Fundación Troy Aikman
entidad dedicada a beneficiar a los niños impedidos

Helping kids...one dream at a time.

Troy cuando tenía 8 años

Me llamo Troy Aikman y he escrito este libro para compartir contigo algunas de las lecciones que aprendí en el camino hacia la posición de *quarterback* de los Dallas Cowboys.

A lo largo de mi vida, he pasado por muchos cambios.

Mi familia se mudó de la ciudad al campo cuando yo tenía 12 años. Esto cambió mi sueño de llegar a ser jugador profesional de béisbol.

Dirigí mi atención después hacia el fútbol americano y llegué a ser el *quarterback* regular de dos equipos universitarios, los Sooners de Oklahoma y los Bruins de UCLA.

En 1989, alcancé el lugar Número Uno durante la ronda de reclutamiento de la Liga Nacional de Fútbol de los EE. UU. (NFL), pero los Cowboys ganaron 1 de 15 partidos durante mi primer año con ellos.

He recibido la clasificación más baja entre todos los *quarterbacks* de la NFL y he sido seleccionado como el jugador más valioso del Super Bowl. He llegado de último y también de primero.

Estas experiencias me han enseñado que todos tenemos que enfrentar los desafíos del cambio. Espero que este libro te ayude a adoptar una actitud positiva ante los cambios que ocurran en tu vida.

Nací el 21 de noviembre de 1966, unos dos meses antes del primer Super Bowl.

Durante el primer año de mi vida, mis padres tuvieron dificultades para ponerme los zapatos. Al principio, no se preocuparon, pero al poco tiempo comenzaron a preguntarse por qué mis piernas estaban un poco arqueadas debajo de las rodillas y por qué los dedos se me doblaban bajo las plantas de ambos pies.

Me llevaron al consultorio del Dr. Bill McColl, un ex-jugador de fútbol americano del equipo Bears de Chicago. Él les dijo que yo tenía los pies un poco deformes.

Me enyesaron los pies cuando tenía 8 meses de edad, y hasta un mes después de mi primer cumpleaños me mantuvieron con los yesos, cambiándolos cada dos semanas. Hasta aprendí a caminar con los pies enyesados.

Cuando me quitaron los yesos, usé zapatos especiales hasta cumplir tres años. Parecían botas blancas comunes y corrientes, pero los dedos apuntaban hacia afuera y parecía que las llevaba al revés. No me las quitaban ni para dormir, y por las noches yo dormía con los talones de los pies ligados.

Poco a poco, mis pies se desarrollaron en forma normal.

A pesar de los problemas con mis pies, siempre andaba con una pelota entre las manos. Hasta donde yo recuerdo, vivía fascinado con los deportes y soñaba con llegar a ser un atleta profesional.

Fotos de la colección familiar

En el pueblo donde vivíamos –Cerritos, California, cerca de Long Beach– creábamos nuestras propias diversiones. Yo hacía todo lo que los niños suelen hacer y, como pueden ver, desde muy niño ya era un "cowboy".

Mi papá trabajaba largas horas en la construcción de oleoductos, pero de vez en cuando me llevaba a cazar o a pescar durante el fin de semana.

Lo que más me gustaba era participar en deportes con mis amigos.

Jugar, jugar y seguir jugando. Sólo quería
jugar, a pesar de ser uno de los niños de
menor edad en mi vecindad.

Podría decirse que nací para ser atleta.

Jugábamos tirando una pelota al aro
en la entrada al garage de la casa con
Terri y Tammy, mis hermanas mayores, y
con otros amiguitos. Íbamos en bicicleta
a un parque cercano y jugábamos al
béisbol de barrio. Frente a nuestra casa,
jugábamos al *touch football* con los
niños vecinos, hasta quedar rendidos
de cansancio o hasta que alguien se
lastimara una rodilla. Me encantaba jugar.
Los niños mayores eran los *quarterbacks*.
Mi hermana mayor, Terri, tiraba la
pelota mejor que yo.

En las fotos de mi niñez se ve el diente quebrado. Mi hermana Terri cree que cambié mi sonrisa para ocultar ese diente. Quizás me avergonzaba de mi diente quebrado sin darme cuenta. Todavía me sonrío con los labios un poco torcidos, pero mi mamá también sonríe así. A lo mejor heredé mi manera de sonreír de ella.

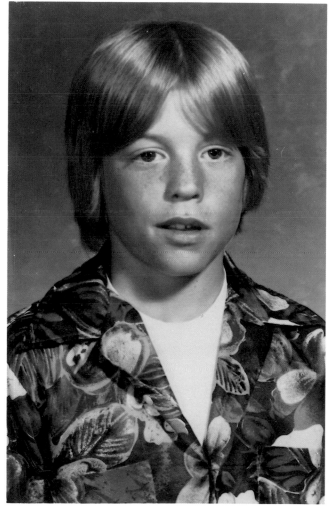

Foto de la colección familiar

En esa época, la única vez que me lastimé seriamente fue en el segundo grado. Nos alistábamos para tirar la pelota al aro en la entrada al garage de la casa, en una competencia de muchachos contra muchachas. Un bravucón del barrio me gritó para que le pasara la pelota que yo estaba driblando. En vez de hacerle caso, seguí jugando con la pelota. Él agarró entonces una piedra grande y me la lanzó con fuerza. Como me volvía hacia él en ese momento, la piedra me dio en la boca, partiéndome por la mitad uno de los dientes frontales.

Al igual que la mayoría de mis amigos, lo que yo más quería era llegar a ser un jugador profesional de béisbol. Todos queríamos jugar en el equipo de la Universidad del Sur de California (USC), y de allí pasar a las grandes ligas. De hecho, tres de mis amigos llegaron a las grandes ligas.

A veces, me iba a mi habitación para practicar la manera de firmar mi nombre. Quería estar listo para dar mi autógrafo el día en que alguien me lo pidiera.

Aunque parezca extraño, esto me ayudó a visualizar mi sueño. Es importante formular sueños y objetivos. Y si uno sueña, lo mejor es soñar con algo que valga la pena.

Durante uno de mis primeros partidos de *tee-ball*, mi mamá me enseñó la importancia de mantener una actitud positiva para apoyar mi sueño.

Mientras los *infielders* practicábamos jugadas, un entrenador suplente hizo que un miembro de nuestro equipo viniera del *outfield* para jugar de segunda base. Yo jugaba de *shortstop* y le grité: "No lo pongas allí porque no sabe jugar."

Mi mamá es una de las personas más dulces del mundo, pero cuando oyó lo que dije, me lanzó una mirada feroz. Tú sabes cómo son las miradas de los padres cuando se enojan. Nunca había visto a mi mamá tan enojada.

Ese día me lancé de cabeza para atrapar la pelota y logré salvar la victoria. Después del partido, todos me felicitaban. Todos, menos mi mamá. Ella me agarró por el cuello de la camisa y me llevó arrastrado hasta el carro.

—Si alguna vez vuelves a hacer eso, te sacaré del partido y no te dejaré jugar más —me dijo, subrayando cada palabra con el dedo índice.

Aprendí que mi conducta era algo que yo podía cambiar. Jamás volví a hablar mal de otro jugador.

Si bien me asustaba la idea de vivir sin participar en los deportes, en un momento dado me causó terror pensar en la muerte. Comencé a preocuparme por la muerte cuando tenía más o menos 10 años, poco después de la muerte de mi abuelo. Durante un mes, el miedo a morir me perseguía como una sombra. No se lo dije a nadie.

Ahora, he descubierto que cuando uno se siente así, lo mejor es conversar con alguien, no importa quién sea.

De alguna manera pude vencer mis temores. Apuesto que hay cosas que a tí también te asustan. Todos sentimos miedo.

No importa cuál sea el problema que tengas, habla con alguien acerca de lo que te preocupa. Te sentirás mejor.

Cuando yo era niño, sabía que
podía meterme en la cama con mis
padres y eso me ayudaba a sentir
menos miedo por la noche.

A veces lo hacía en la mitad de
la noche. Por lo general, terminaba
ocupando toda la cama doble de
mis padres y acaparando todas las
mantas.

Mis hermanas, cuando eran chicas,
hacían lo mismo, especialmente los
sábados por la mañana. El calor del
cariño familiar siempre me quitaba el
miedo y me hacía sentir seguro.

Al poco tiempo, dejé de sentir
la necesidad de estar cerca de mis
padres para sentirme seguro durante
la noche. Al crecer, esta costumbre se
me fue quitando.

Cuando cumplí 12 años, la confianza que sentía al mirar hacia el futuro quedó destrozada. Mis padres decidieron mudarse con la familia a Henryetta, Oklahoma.

La mudanza fue desagradable para toda la familia. Si alguna vez te has mudado de casa, ya sabes cómo el cambio afecta a todo el mundo y los temores que causa.

Nosotros dejamos un suburbio soleado de 50,000 habitantes, donde era fácil llegar en bicicleta a la playa, a Knott's Berry Farm y a varios campos deportivos. Fuimos a parar en un pueblecito de 6,000 personas, y a vivir en una finca de 172 acres, con vacas, cerdos y gallinas. Nuestra casa estaba a 7 millas del pueblo. El camino era de tierra.

Cristina Salvador

La casa de la familia Aikman en California (a la derecha).

La casa de la familia Aikman en Oklahoma.

El costo de la mudanza para mí fue la pérdida de mis amigos y mi sueño de llegar a ser un jugador de béisbol profesional. Al menos, me parecía que así era.

Pensaba que la mudanza arruinaría mi vida y sentí resentimiento contra mis padres. "¿Por qué me han hecho esto?" me preguntaba.

Y para colmo, tuvimos que vivir en una casa rodante muy pequeña mientras terminaban de construir nuestro nuevo hogar.

Pronto descubrí que la vida en una finca incluía la responsabilidad de una serie de tareas. Entre ellas, la más odiosa era darles de comer a los chanchos.

Antes de ir a la escuela tenía que llevar dos cubos llenos de sobras de comida al corral. Los brazos se me cansaban todos los días.

Tuve esta responsabilidad sólo durante unos cuantos meses, porque al poco tiempo vendimos los chanchos. Pero a mí me parecía a veces que tendría que pasar el resto de mi vida alimentando cerdos.

Herman L. Brown

Foto de la colección familiar

Mi actitud cambió cuando decidí aceptar lo que ofrecía el pueblo de Henryetta. En ese otoño comencé mi octavo grado en la escuela y pronto comencé a sentirme feliz en mi nuevo ambiente.

En los pueblos pequeños, el ritmo de vida es más lento que en las ciudades. La gente tiene tiempo para conversar.

No tuve dificultades para hacer amigos. Conocí a Daren Lesley y nos hicimos amigos de por vida.

Nos pusieron los apodos de "Orejas" y "Pies". Llevar el pelo largo estaba de moda, pero yo fui uno de los primeros en hacerme cortar el pelo más arriba de las orejas. Daren simplemente tenía los pies grandes.

Durante ese primer otoño en Henryetta, me inscribí para jugar al fútbol americano en la liga de las escuelas secundarias. Me di cuenta en seguida de que la gente de Oklahoma es fanática de este deporte.

Yo había jugado de *quarterback* en la liga infantil en California, pero quería hacer un cambio y decidí no decirles nada a los entrenadores acerca de mi experiencia como *quarterback*. Me pusieron a jugar como *fullback*.

Este cambio casi me hace abandonar el deporte. No tenía experiencia en bloquear y atajar, y tampoco sabía protegerme cuando me atajaban los contrarios. Mi entusiasmo por el deporte bajaba con cada moretón.

Una noche me senté a conversar con mi papá y le dije que pensaba dejar de jugar.

Mi papá me miró con seriedad y me dijo: —Troy, no voy a permitir que te rajes. Si el próximo año no quieres jugar, está bien. Pero uno debe acabar lo que comienza. Termina de jugar hasta el final de la temporada.

Jugué hasta el final y en la temporada del año siguiente regresé a mi posición de *quarterback*.

Foto del álbum familiar

Herman L. Brown

En mi segundo año de escuela secundaria, cuando tenía 14 años, jugué en mi primer partido pre-universitario como el *quarterback* regular del equipo Fighting Hens (Gallinas peleadoras) de Henryetta High School.

Confieso que me sentía nervioso. Pero aprendí de inmediato que para combatir la nerviosidad lo mejor era concentrarme en la manera de jugar bien mi posición. Cuando uno enfoca lo que tiene que hacer, se olvida de las preocupaciones.

Jamás olvidaré nuestra victoria en ese primer partido. Creía tener el mundo a mis pies.

La realidad no tardó en quitarme esa ilusión.

El equipo de Henryetta tenía una larga tradición de derrotas en partidos de fútbol. Los fanáticos de los equipos contrarios se burlaban de nuestro apodo de Fighting Hens y lanzaban gallinas de caucho al campo para ridiculizarnos. Ese año continuamos nuestra tradición, ganando sólo 4 partidos y perdiendo 6.

En su primer partido pre-universitario, Troy ayudó a su equipo a triunfar cuando la derrota era casi segura. Estaban perdiendo por 4 puntos contra Checotah en los últimos minutos. Un pase certero de Troy convirtió la derrota en victoria.

Durante mi tercer año en la escuela secundaria, perdimos los primeros ocho partidos, pero aun así, llegamos a las competencias eliminatorias porque ganamos los últimos dos partidos en nuestra división de cuatro equipos.

Fue la primera vez en 25 años que el equipo de nuestra escuela participaba en las eliminatorias. Nuestro lema era "Dos y ocho, y ¡a competir en el estado!" Aunque perdimos en la primera ronda eliminatoria, cambiamos la tradición.

Cuando no estaba jugando, me encantaba mirar los partidos de los Dallas Cowboys en la televisión. Vivíamos a unas 200 millas al norte de Dallas y yo apoyaba a los Cowboys. Roger Staubach, el *quarterback* del equipo, era uno de mi jugadores favoritos.

Aunque de joven admiraba mucho a los atletas, creo que los mejores modelos para nuestras vidas son aquellas personas con las que conversamos todos los días, como, por ejemplo, nuestros padres, maestros y hasta nuestros amigos. Mis padres fueron mis modelos.

Después de perder por un solo punto un partido contra Hartshorne, en el que Troy completó un pase de touchdown mientras uno de los contrarios lo bloqueaba, el entrenador de Hartshorne le dijo:
—Un día te veremos jugar en un programa nacional de televisión.

Foto del álbum familiar

Terminamos la temporada de mi último año escolar con 6 victorias y 4 derrotas. Nuestro equipo creó gran entusiasmo en la ciudad. Desafortunadamente, no llegamos a las eliminatorias.

Tuve la suerte de que mi habilidad para completar pases llamara la atención de los entrenadores de la liga universitaria. Jimmy Johnson, el entrenador de Oklahoma State, me quería en su equipo y por poco me convence a unirme al equipo de los Cowboys de OSU. Pero yo decidí jugar en el equipo de los Sooners que Barry Switzer entrenaba en la Universidad de Oklahoma. Creía que su equipo estaba preparado a cambiar sus tácticas ofensivas y añadir más pases a su estrategia de ataque.

Una vez terminadas las temporadas de fútbol de la escuela secundaria, yo jugaba al baloncesto en la posición de centro, y al béisbol en la de *shortstop* o de lanzador.

Pero el fútbol se convirtió en mi deporte favorito, y me propuse llegar a jugarlo a nivel universitario.

Después de los partidos de baloncesto, aun después de viajes largos con el equipo, le pedía las llaves del gimnasio al entrenador. Allí me quedaba levantando pesas hasta tarde con el fin de desarrollar la fuerza necesaria para jugar fútbol en un equipo universitario.

Concentré mis esfuerzos en mejorarme a mí mismo y evité así meterme en problemas.

Mientras algunos de mis compañeros se dedicaban a tomar bebidas alcohólicas y a experimentar con drogas, yo me mantuve alejado de todo eso. Las drogas ilegales cambian a la gente de manera negativa y ese tipo de cambio nunca me llamó la atención.

Mi papá me enseñó muchas cosas. Con él aprendí a soldar. Recibí mi primer cheque por un trabajo de soldadura.

Pero lo mejor que aprendí de mis padres no fue un oficio. Ellos me enseñaron a mantener una actitud positiva y a creer que nada es imposible.

Mi papá siempre me decía: —Si quieres algo en la vida y estás dispuesto a pagar el precio, puedes lograr todo lo que quieras.

Nunca he olvidado ese consejo. Me convencí de que podía llegar a ser un atleta profesional, a pesar de oír con frecuencia que muy pocos atletas llegaban a la cumbre.

Desarrollé el hábito de trabajar en la finca rancho de mis padres. Allí aprendí a apreciar el valor del trabajo. Los días del verano eran los más largos. Yo trabajaba en el campo durante el día y jugaba al béisbol de noche. A veces, regresaba después de un partido y trabajaba en el campo con mi papá hasta las 2 de la mañana.

Con frecuencia, trabajaba el sábado en un taller de mecánica del pueblo para ganar dinero extra.

En mi casa las tareas de la escuela eran muy importantes. Mis padres no querían ver notas más bajas que "B". Yo saqué algunas "C", pero no muchas.

Siempre recibí una "A" en mi clase de mecanografía. Hasta llegué a ganar una competencia en Okmulgee State Tech al escribir a máquina unas 75 palabras por minuto.

Algunos de mis compañeros me hacían burlas porque yo era el único muchacho en la competencia. Otros se burlaban de mí, diciendo que en mi casa yo ocupaba el segundo lugar como mecanógrafo. Tenían razón. Tammy escribía mucho más rápido que yo, pero el día de la competencia ella tenía que jugar en un partido de *softball*. Yo la reemplacé.

Yo no les hacía caso a las burlas. Para mis adentros, me sentía orgulloso. No hay motivo para sentir vergüenza por el éxito, sea el que sea. No permitas que las burlas de tus amigos te impidan desarrollar tus destrezas.

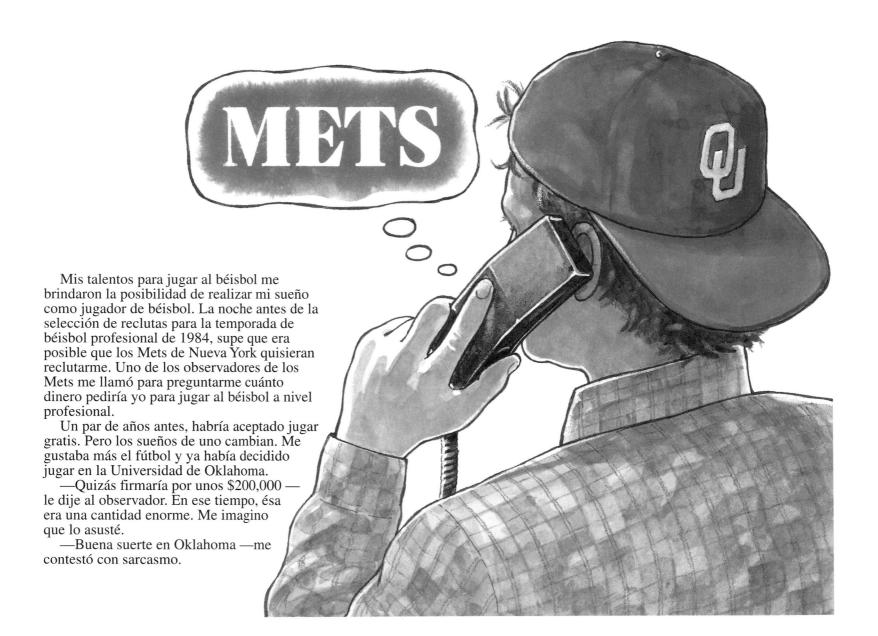

Mis talentos para jugar al béisbol me brindaron la posibilidad de realizar mi sueño como jugador de béisbol. La noche antes de la selección de reclutas para la temporada de béisbol profesional de 1984, supe que era posible que los Mets de Nueva York quisieran reclutarme. Uno de los observadores de los Mets me llamó para preguntarme cuánto dinero pediría yo para jugar al béisbol a nivel profesional.

Un par de años antes, habría aceptado jugar gratis. Pero los sueños de uno cambian. Me gustaba más el fútbol y ya había decidido jugar en la Universidad de Oklahoma.

—Quizás firmaría por unos $200,000 —le dije al observador. En ese tiempo, ésa era una cantidad enorme. Me imagino que lo asusté.

—Buena suerte en Oklahoma —me contestó con sarcasmo.

Ni siquiera la suerte me ayudó en Oklahoma. A diferencia de mi debut en la escuela secundaria, mi primer partido universitario fue horrible. Las lesiones de los *quarterbacks* regulares me forzaron a comenzar un partido durante mi primer año, cuando todavía no estaba preparado.

El 27 de octubre de 1984, jugamos contra la Universidad de Kansas. Mi equipo estaba clasificado como el número 2 en todo el país. Pero era la primera vez en casi 40 años que un novato de primer año comenzaba el partido como *quarterback*.

Perdimos, 28 a 11. En 20 años de competencia, era la primera vez que los Sooners de Oklahoma habían sufrido una derrota en el campo de los Jayhawks de Kansas. Lancé 14 pases y completé solamente 2, ganando un total de 8 yardas. Los Jayhawks interceptaron 3 de mis pases y convirtieron uno de ellos en *touchdown*.

Los aficionados de Oklahoma se quejaban. Muchos pensaban que yo no poseía las destrezas de líder que el equipo necesitaba. Otros opinaban que mi carrera había terminado allí, antes de comenzar.

Ese año, los meses hasta la temporada siguiente me parecieron eternos. Ansiaba demostrar lo que realmente podía hacer.

Aunque parezca extraño, aquel partido horrible me ayudó a crecer.

Aun cuando las cosas no ocurren según los planes que tenemos, podemos convertir las derrotas en victorias, usando el dolor que nos causan como un motivo para hacer un esfuerzo mayor.

Troy, 1984

University of Oklahoma

Cuando la temporada de 1985 comenzó, Oklahoma se había clasificado como el equipo número 1 en todo el país. Yo había conquistado la posición de *quarterback* regular del equipo y sentía la presión de esa responsabilidad.

Ganamos los tres primeros partidos. Entonces nos enfrentamos con Miami. Su entrenador era Jimmy Johnson, quien había trabajado antes con Oklahoma State.

Comencé muy bien. Completé seis de mis primeros siete pases. Con uno de ellos anotamos un *touchdown*.

Poco después, mi temporada terminó en un momento doloroso. Dos jugadores de Miami me atajaron con violencia y cayeron sobre mi pierna izquierda, quebrándome el tobillo.

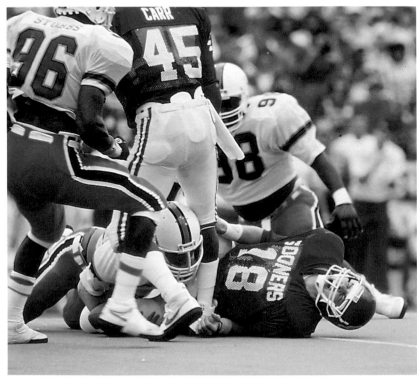

Perdimos el partido. Jamelle Holieway, un *quarterback* veloz, me reemplazó durante el resto de la temporada y conquistó el campeonato nacional para los Sooners.

Yo celebraba los triunfos de mis amigos, pero sufría al no poder jugar. El tiempo libre me permitió darme cuenta de que estaba en un callejón sin salida. El entrenador Switzer había vuelto a favorecer la formación en "Y" (*wishbone offense*) para el ataque terrestre con velocidad. Era muy probable que Holieway jugara como el *quarterback* regular en la próxima temporada. Había llegado el momento de hacer un cambio.

Hablé con el entrenador Switzer y él estuvo de acuerdo de que lo mejor era que yo jugara con un equipo cuya estrategia ofensiva incluyera más pases. Switzer llamó a Terry Donahue, el entrenador de UCLA, y le habló de mí. Esto le ayudó a evitar un conflicto acerca de la posición de *quarterback* en el equipo de los Sooners.

El entrenador Johnson oyó los rumores de que yo estaba a punto de salir de Oklahoma y me invitó a jugar con el equipo de Miami. Por segunda vez, rechacé su invitación. Estaba listo para regresar a California.

Debido a las reglas de la NCCA sobre transferencias de jugadores entre equipos, no pude jugar por una temporada en UCLA. Me dejaban practicar con el equipo durante la semana, pero durante los partidos tenía que sentarme como espectador. Para un atleta, estar de espectador es peor que perder un partido. No tuve más remedio que esperar mi turno hasta el próximo año.

No abandoné en ningún momento mi amor a Dios, a mi familia y a mis amigos. Esto me ayudó a no desanimarme. El año anterior, mi papá había conseguido un empleo en California, así que pasé algunos fines de semanas con él y con otros familiares que vivían en California.

Un par de veces por semana, llamaba a mi amigo Daren, quien estudiaba en Northeastern State University en Oklahoma. Doug Kline, mi compañero de cuarto en UCLA, y yo nos hicimos grandes amigos. Doug era de Colorado y jugaba en la posición de *linebacker*. A los dos nos gustaba la música *country* antes de que se pusiera de moda. Nos hacían bromas porque decían que éramos dos muchachos del campo que vivíamos en Los Ángeles. A Doug y a mí no nos molestaban estas bromas. Nos parecía que no teníamos que cambiar nuestra manera de ser simplemente porque vivíamos en una ciudad grande.

Foto de la colección familiar

James D. Smith

Durante la temporada en que no pude jugar, me concentré en mejorar mi actuación como *quarterback*. En los dos años siguientes, disfruté los resultados de mi esfuerzo. Cuando volví a competir, lo hice muy bien —con la excepción de dos partidos.

A pesar de todas nuestras victorias, perdimos los dos partidos más importantes. Todos los años, el equipo de UCLA se trazaba la meta de participar en el Rose Bowl, el partido más importante del fútbol universitario.

En ambos años perdimos la oportunidad de llegar al Rose Bowl porque nos derrotó USC, el otro equipo universitario de Los Angeles.

James D. Smith

Esas derrotas fueron amargas. La primera ocurrió el día en que cumplí 21 años, uno de los peores días de mi vida. Jugué mal y los Trojans nos derrotaron 17 a 13. Durante toda la temporada, los equipos contrarios habían interceptado sólo tres de mis pases. Ese día, el equipo de USC interceptó tres más.

Esa noche, regresé en avión a mi casa en Oklahoma. Me sentía horrible. Pasé las dos semanas siguientes sin poder dormir. Repasaba en mi mente cada error, una y otra vez.

Esa derrota pudo haber arruinado mi confianza en mí mismo. Pero no dejé que lo hiciera.

Al recuperarme, aprendí uno de los secretos clave para el éxito: Es imposible cambiar la historia.

Hay que aprender lo que las derrotas nos pueden enseñar y luego deshacernos de ellas, así como nos sacudimos el polvo de las botas. Cuando a mí me pasa algo, no miro hacia atrás sino hacia el futuro.

En 1987, Troy y Emmitt Smith compartieron el título como los jugadores más valiosos del Aloha Bowl en Hawaii. En 1989, Troy fue nombrado el jugador más valioso en el Cotton Bowl.

Mis actuaciones en los partidos del Aloha Bowl y del Cotton Bowl me ayudaron a superar las derrotas que había sufrido a manos de USC. La primera victoria fue de 20 a 16 contra Florida. Emmitt Smith, del equipo de los Gators, jugó un partido excelente contra nosotros, avanzando un total de 128 yardas.

La segunda victoria me brindó el primer contacto con mi futuro hogar. Mi último partido a nivel universitario lo jugué en Dallas durante el Cotton Bowl. En esa ocasión derrotamos al equipo de Arkansas, 17 a 3. Pocos meses después, regresé a Dallas para firmar un contrato por $11 millones con los Dallas Cowboys. El nuevo propietario del equipo, Jerry Jones, y el nuevo entrenador, Jimmy Johnson, cuyas ofertas yo había rechazado dos veces, me escogieron como el seleccionado No. 1 durante el reclutamiento de la NFL en 1989. Me sentí humilde y, a la vez, orgulloso de haber logrado entrar en la NFL. De inmediato me propuse nuevas metas. Primero que todo, ayudaría al equipo de Dallas a triunfar después de tres temporadas consecutivas de derrotas.

Lograr una sola victoria en la NFL resultó más difícil de lo que me imaginaba. Jugué en la posición de *quarterback* regular en los primeros cuatro partidos y los perdimos todos. En el cuarto partido me quebré el dedo índice de la mano izquierda y perdí seis semanas de la temporada.

En 1989, durante mi primer partido después de regresar, recibí uno de los golpes más violentos de mi vida. Acababa de completar un pase, iniciando una jugada de 80 yardas que terminó en un *touchdown* y nos dio la ventaja en puntos. Mi primera victoria en la NFL parecía asegurada. Ese momento de gloria oscureció de pronto cuando uno de los Cardenales de Phoenix me dio una embestida aplastante. Quedé sin sentido por 8 minutos y Phoenix ganó el partido con un *touchdown* en el último minuto de juego.

Durante el partido contra Phoenix, Troy completó pases por un total de 379 yardas ganadas, con lo cual estableció un récord para novatos de la NFL.

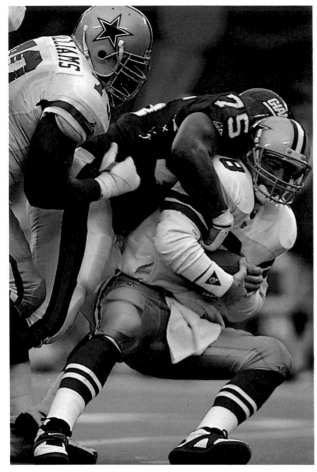

Focus on Sports

Tuve un dolor de cabeza por varios días. Y durante el resto de la temporada, me dolía tanto el cuerpo como el alma porque todo me salía mal. En mi primer año con los Cowboys, perdimos 15 de los 16 partidos.

En el único partido que ganamos, yo no jugué porque tenía el dedo quebrado. Me golpearon tantas veces ese año que me preguntaba cómo era posible que un ser humano jugara en la NFL por más de un par de años.

James D. Smith

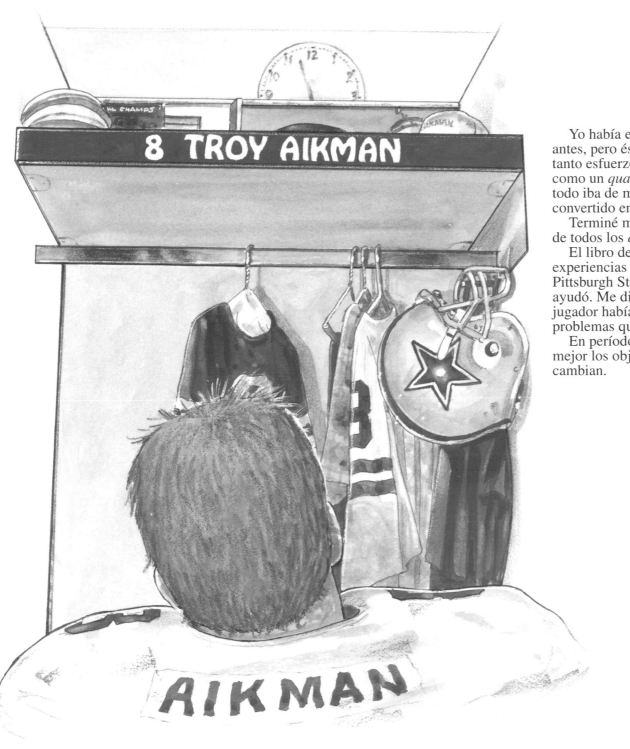

Yo había enfrentado temporadas difíciles antes, pero ésa fue la peor. Después de hacer tanto esfuerzo para realizar mi sueño de jugar como un *quarterback* de la NFL, veía que todo iba de mal en peor. Mi sueño se había convertido en una pesadilla.

Terminé mi primer año con el peor récord de todos los *quarterbacks* regulares.

El libro de Terry Bradshaw acerca de sus experiencias como *quarterback* de los Pittsburgh Steelers en la década de 1970 me ayudó. Me dio ánimo descubrir que otro jugador había superado los mismos problemas que yo enfrentaba.

En períodos difíciles, hay que enfocar mejor los objetivos y no olvidar que las cosas cambian.

En la siguiente temporada, los Cowboys reclutaron a Emmitt Smith. Su extraordinaria habilidad como corredor equilibró de inmediato nuestra estrategia ofensiva. Aprendimos a ganar partidos y terminamos la temporada de 1990 con un récord de 7 victorias y 9 derrotas.

En 1991, Norv Turner fue nombrado nuestro nuevo coordinador para la ofensiva. Él introdujo un nuevo sistema que, en mi opinión, utilizaba mejor los talentos en nuestro equipo. Los cambios fueron positivos. Mejoramos nuestro récord a 11 victorias y 5 derrotas y perdimos contra Detroit en las eliminatorias.

La temporada de 1992 comenzó con una victoria nuestra sobre el equipo de Washington, el campeón del Super Bowl de la temporada anterior. Ganamos 13 de los 16 partidos de la temporada regular y derrotamos a Filadelfia 34 a 10 en el primer partido de las eliminatorias.

Teníamos que enfrentarnos a San Francisco para el campeonato de la Liga Nacional y llegar al Super Bowl. Los 49ers nos habían derrotado en seis partidos consecutivos durante los últimos 12 años. Pero esto también cambió. Les ganamos 30 a 20.

James D. Smith

James D. Smith

En el último día de la temporada de 1992, regresé al mismo estadio donde había jugado con el equipo de UCLA en el partido del Rose Bowl. Era un hermoso día de sol, cálido y con un cielo azul claro, perfecto para el Super Bowl XXVII.

Me sentía preparado y a gusto hasta el momento en que entré al túnel que conducía al campo de juego.

Durante los partidos mantengo una confianza serena, pero antes de comenzar a jugar siempre siento un aleteo nervioso en el estómago. Ese domingo antes del Super Bowl, me parecía que llevaba adentro toda una bandada de pájaros.

Al principio, todo lo veía borroso. Sentía la mirada de los millones de personas que miraban la televisión y oía el grito ensordecedor de los 98,374 fanáticos en el estadio. Durante el primer tiempo, respiraba con tanta ansiedad que casi me desmayo.

Me salvé concentrándome en lo que tenía que hacer en cada momento.

Rick Stewart All-Sport USA

AP/Wide World Photo

AP/Wide World Photo

Se me ocurrió que podíamos perder durante los primeros momentos del partido, cuando los Buffalo Bills ganaron una ventaja de 7 puntos a 0. De los primeros 6 pases, sólo completé 3. Me sentía incómodo.

Hablé con el entrenador Turner durante el descanso. Me dijo que necesitábamos cambiar nuestra estrategia de pases. Los Bills interceptaban los que intentábamos hacia los lados del campo, así que decidimos lanzarlos más hacia el centro.

Comenzamos a avanzar con la pelota y el equipo encontró su ritmo.

Anotamos un *touchdown* con un pase durante el primer tiempo para empatar, 7 a 7. De allí en adelante, todo nos favoreció.

Nuestro equipo defensivo fue brillante, anotando *touchdowns* al recuperar la pelota dos veces cuando los Bills la perdieron.

Nuestra victoria de 52 a 17 ha quedado como una de las más gloriosas en la historia del Super Bowl.

La victoria en el Super Bowl XXVII me dio una fantástica sensación de bienestar que me duró varios meses. Pero no duró lo suficiente.

Antes de que comenzara la nueva temporada, me lastimé la espalda levantando pesas y tuvieron que operarme. La operación fue exitosa. Hice un gran esfuerzo para ponerme en condiciones antes del comienzo de la temporada. Emmitt Smith no jugó en los primeros dos partidos, sin embargo, porque su contrato no se había finalizado. Perdimos ambos partidos.

Ningún equipo había ganado el Super Bowl después de comenzar con un récord de 2 derrotas sin victorias. Nosotros cambiamos eso.

Con el retorno de Emmitt Smith, llegamos fácilmente a los partidos eliminatorios.

Otra vez, nos enfrentamos a los 49ers para decidir el campeonato de la NFC. Y otra vez les ganamos, esta vez con una anotación de 38 a 21.

Lo extraño es que yo no recuerdo nada de ese partido. La razón es sencilla: La rodilla de Dennis Brown, un jugador de los 49ers que pesa 300 libras, se estrelló contra mi casco y me eliminó del partido al comienzo del tercer tiempo. Me quedé observando el partido desde el banco, pero estaba desorientado y no recordaba bien lo que pasaba.

Esa noche me internaron en el Centro Médico de Baylor University. Alguien me preguntó si sabía dónde se jugaba el próximo Super Bowl. Le contesté: —¿En Henryetta?

Cuando mi respuesta se publicó en los periódicos, le hizo gracia a la gente de Henryetta. Recogieron fondos para proyectos juveniles vendiendo boletos para un Super Bowl imaginario en Henryetta.

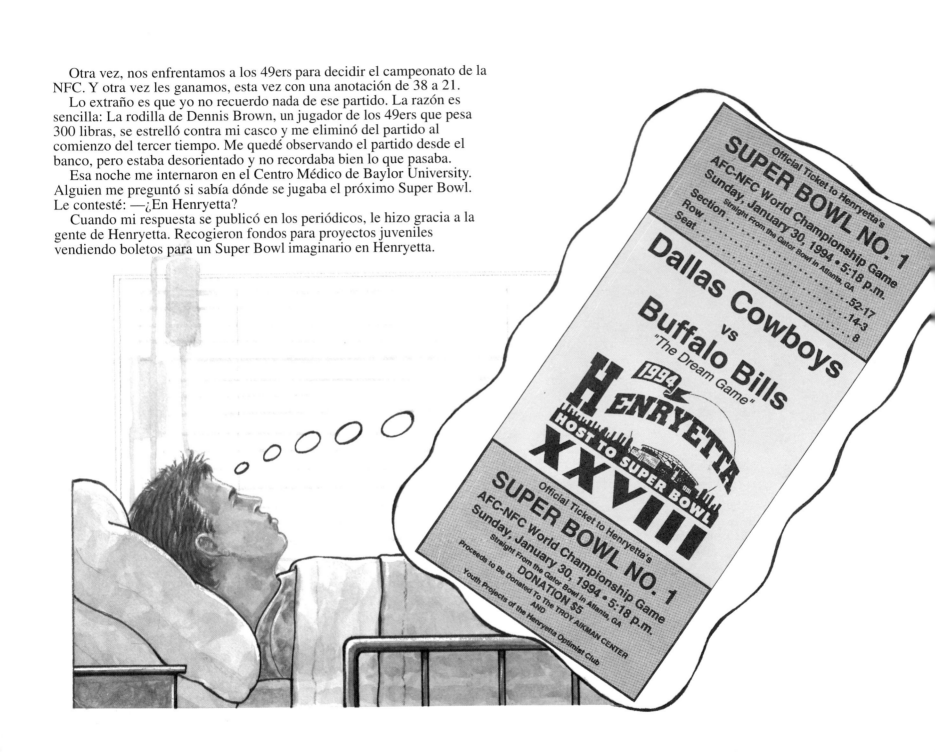

Focus on Sports

Al día siguiente, me sentí mejor y viajé a Atlanta con el equipo para planear el partido de revancha contra Buffalo en el Super Bowl XXVIII.

Durante el entrenamiento yo no me sentía muy bien. En la vida, como en el fútbol, hay muchas ocasiones en que uno tiene que seguir adelante aunque esté lastimado. Yo viví uno de esos momentos en Atlanta.

Hay quienes piensan que yo juego mejor cuando estoy lastimado. Será porque soy terco.

Lo que yo tengo de fortaleza viene de mi papá. Él es la persona más fuerte a quien yo conozco. Nunca perdió un día de trabajo.

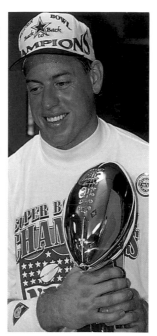

James D. Smith

Durante la primera mitad del partido, parecía que habría sido mejor si me hubiera tomado el día libre. Mis jugadas no estaban bien coordinadas. Nos sentíamos frustrados porque perdíamos 13 a 6 al final del segundo tiempo.

La dirección del partido cambió con una pelota perdida que James Washington recuperó en el tercer tiempo para anotar un *touchdown*. Emmitt comenzó a jugar mejor en la segunda mitad y fue nombrado el jugador más valioso del partido. Ganamos 30 a 13.

Dos partidos de Super Bowl y dos campeonatos. Era casi increíble después de haber ganado solo un partido en toda la temporada cuatro años antes.

En el Super Bowl XXVIII Troy completó 19 de sus 27 pases con un avance total de 207 yardas. Su actuación en los partidos de eliminatoria de esos dos años estableció tres récords en la NFL.

The Dallas Morning News/John Rhodes

Los cambios que ocurrieron durante el año de 1994 nos dejaron aturdidos. Nuestro entrenador, Jimmy Johnson, dejó el equipo y fue reemplazado por Barry Switzer. Norv Turner aceptó el puesto de entrenador del equipo de Washington. Varios jugadores clave se declararon agentes libres y firmaron contratos con otros equipos. Durante la temporada, varios jugadores principales tuvieron accidentes que afectaron su habilidad para jugar. Yo perdí dos semanas debido a una lesión en la rodilla.

Para colmo, sentíamos la necesidad de jugar a la perfección, una meta imposible de alcanzar.

A pesar de los contratiempos, ganamos en nuestra división con el mismo récord de la temporada anterior: 12 victorias, 4 derrotas. Habríamos ganado los tres primeros partidos si tres jugadas nos hubieran salido bien.

La prensa y algunos fanáticos expresaban dudas acerca de nuestro equipo antes de los partidos de eliminatoria. Una revista proclamó: "Dallas ha muerto".

Nosotros les demostramos a todos que todavía nos quedaba algo de vida al derrotar a Green Bay 35 a 9.

Esta victoria preparó una tercera confrontación con los 49ers de San Francisco para decidir el Super Bowl.

En la historia de la NFL ningún equipo se había coronado campeón tres veces consecutivas en el Super Bowl. Yo no tenía la menor duda de que los Cowboys cambiarían el curso de la historia.

Pero los 49ers eran un equipo fuerte. Habían dominado su división con 13 victorias y 3 derrotas. Además, nos habían derrotado durante la temporada para ganar la ventaja de jugar en su propio terreno en el partido por el campeonato de la NFC.

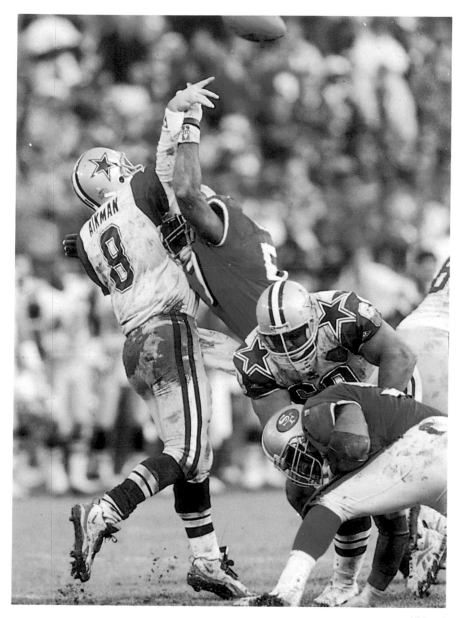

All-Sport

James D. Smith

Aun antes de ensuciarme el uniforme en la grama fangosa de San Francisco, levanté la mirada y el marcador indicaba una anotación de 21 a 0 en favor de los 49ers.

En los primeros 7¹/₂ minutos de juego, San Francisco interceptó mi tercer pase y lo convirtió en *touchdown*, y dos pelotas perdidas por nuestros jugadores y recuperadas por los 49ers produjeron dos *touchdowns* más. —No se preocupen —les dije a mis compañeros. —Vamos a ganar. Todavía tenemos tiempo.

Luchamos con todo lo que teníamos. Tres veces acortamos la ventaja de San Francisco a 10 puntos. Pero cada vez que comenzamos a avanzar, los 49ers nos bloquearon el camino.

Con 1 minuto y 56 segundos, todavía era posible que ganáramos. Avanzamos hasta la yarda 46 de los 49ers y nos quedaba sólo el último *down* y 18 yardas. Hasta ese último pase, yo estaba convencido de que ganaríamos.

Pero fracasamos. Perdimos 38 a 28.

Su pase de 94 yardas para anotar un *touchdown* contra Green Bay fue el más largo en la historia de las eliminatorias. Sus 53 pases con un total de 380 yardas de avance contra los 49ers estableció récords para Dallas en este tipo de partido.

Gary Hershorn/Reuter

Después del partido me encontré con Steve Young en medio del campo y le dije: —Te felicito. Buena suerte contra San Diego. —El destino le ofrecía a Steve la oportunidad de hacer historia en el Super Bowl.

Perder un partido tan importante es doloroso. Este sentimiento es peor cuando un equipo pierde por los errores que ha cometido, como en este caso.

Aun así, ese día me sentí orgulloso de ser un Cowboy. Salí del campo de juego con la cabeza en alto. Habíamos hecho nuestro mejor esfuerzo y luchado hasta el final, tanto durante el partido como durante toda la temporada.

Algunos piensan que nuestra temporada de 1994 no fue exitosa. Yo nunca diría eso. Siento más orgullo por nuestro equipo de 1994 que por nuestros equipos campeones en el Super Bowl. Superamos el cambio.

Tú también puedes ser campeón. Usa tus talentos para avanzar. Corre con fuerza y corre con ánimo, y corre lo más que puedas. Entonces, sabrás con seguridad que eres un campeón. Aun cuando las cosas cambien.

All-Sport